Reinhard Bogena

Vaters ganzer Stolz

Unser erstes Auto

in den **50er** **und 60er** Jahren

Wartberg Verlag

Bildnachweis

Archiv Reinhard Bogena, Auto Union Pressefoto: S. 13 r.
Archiv Reinhard Bogena, Opel Pressefoto: S. 17 o., 41 u.
Archiv Reinhard Bogena, Ford Pressefoto: S. 50 u.l., 50 u.r., 51 o.l., 51 o.r.
Gisela und Walter Adam, Eschwege: S. 60 o., 60 u., 61 u.
Heinz E. Albach, Lich: S. 8
Irmgard Auel, Homberg/Efze: S. 53 m.
Horst Erben, Gießen: S. 49 u.
Wilhelm Förster, Kassel: S. 47 o.r.
Bernd Fey, Wißmar: S. 55 u.
Ursula Giggel, Fallersleben: S. 32 u.
Herbert Görnert, Steinbach: S. 32 m.
Karl-Heinz Höfer, Ahnatal: S. 26 r.
Wolfgang Inhester, Krofdorf-Kleiberg: S. 32 o.
Albert Kauß, Bersrod: S. 28 u.r.
Anneliese Marquardt, Kassel: S. 19 o.r.
Wilhelm Nowotny, Niestetal: S. 24 u.
Herbert Ring, Zierenberg: S. 7 u.
Georg Schmidt: S. 20
Heinz Schönewald, Ahnatal: S. 28 o.
Johannes Vössing, Fuldatal: S. 27 u.l.
Georg Walter, Kassel: S. 27 r.
Wilfried Zeiler, Mücke: S. 13 o.r.
Alle weiteren Bilder: Archiv Reinhard Bogena

Impressum

3. Auflage 2007

Gestaltung und Satz: Ravenstein und Partner, Verden;
Simone Voßwinkel, Berlin
Druck: Druckerei Thiele und Schwarz, Kassel
Buchbinderische Verarbeitung: Buchbinderei Büge, Celle

34281 Gudensberg-Gleichen • Im Wiesental 1
Telefon: 0 56 03/9 30 50 • www.wartberg-verlag.de

ISBN 978-3-8313-1613-7

Auferstanden aus den Trümmern

Mai 1945 – der Krieg ist vorbei! Deutschland, seine Industrieanlagen und jegliche Infrastruktur sind zerstört, das Land steht vor der Teilung. Auf dem illegalen Schwarzmarkt versuchen die Menschen, ihr Überleben zu sichern. Aber es fehlt an Transportmöglichkeiten; das eigene Auto, sofern man denn eines besessen hatte, war vor dem Krieg ebenso konfisziert worden wie Reifen und anderes kriegswichtiges Material.

Um die Wirtschaft zumindest wieder auf Vorkriegsstandard zu bringen, brauchte man dringend Leute mit entsprechender Ausbildung, doch viele der ehemaligen Facharbeiter und Ingenieure hatten „die dunklen Jahre" nicht überlebt oder sie befanden sich in Gefangenschaft. Erst nach und nach kehrten die Überlebenden auf der Suche nach Arbeit in die zerstörten Werke zurück. Sie begannen so gut es ging mit Aufräumarbeiten und Wiederaufbau, sofern nicht, wie im sowjetischen Besatzungsgebiet, nahezu sämtliche Industrieanlagen demontiert wurden, um sie außer Landes zu schaffen. Darunter waren beispielsweise die Anlagen der Phänomen-Werke in Zittau. Was davon übrig geblieben war, wurde enteignet und zum „Volkseigenen Betrieb", der Industrieverwaltung Fahrzeugbau Chemnitz (IFA) Vereinigung volkseigener Fahrzeugwerke, erklärt.

In den halbwegs intakten Gebäuden anderer Autowerke entstanden zunächst Kochtöpfe aus Stahlhelmen oder man stellte andere, dringend benötigte Dinge her; so verlegte sich Adler wieder auf den Bau von Ersatzteilen, Fahrrädern und Schreibmaschinen. Auf der Exportmesse in Hannover war 1948 zwar eine verbesserte Ausgabe des Vorkriegsmodells „Trumpf Junior" zu sehen gewesen, doch der anschließend aus amerikanischer Gefangenschaft zurückgekehrte Chef der Firma sah im Automobilbau keine Zukunft mehr und stoppte weitere Bemühungen seiner Mitarbeiter.

An anderen Stellen forcierte man die Entwicklung von Fahrzeugen jeder Art. Abgesehen von fehlendem Geld und Material weckten solche Pläne und Tätigkeiten jedoch das Misstrauen der Besatzungsmächte, die Deutschland zu einem Agrarstaat umfunktionieren wollten. Man glaubte damit die Gefahr zu verringern, dass von deutschem Boden wieder ein Krieg ausgeht. Nach der Währungsreform ging es dann mit Riesenschritten ins Wirtschaftswunder; das Auto wurde zum Gradmesser des persönlichen Erfolgs.

Die Fachpresse meldet sich zurück

Zwischen Hoffen und Bangen für die eigene Zukunft betrachtete man die Automobilentwicklung im Ausland sehr genau. Informationen dazu lieferte ab 1946 wieder eine Autozeitung: „Das Auto – die erste deutsche Motor-, Fach- und Sportzeitschrift nach dem Kriege". Voller Zuversicht sah man sich als Organ „zur Förderung unserer Kraftfahrt und des Motorsportes" und stellte sich in den Dienst „als Mittler zwischen Behörden, Industrie, Handel und Kraftfahrern". Eine der ersten Aktionen in diesem Sinne war die Einrichtung eines „Suchdienstes" mit dem Ziel, Fachleute des Automobilbaus wieder zusammenzuführen, die sich während des Krieges aus den Augen verloren hatten. Stromabschaltungen und der Mangel an Papier als Rohstoff erschwerten jedoch ein regelmäßiges und pünktliches Erscheinen. Die Leser wurden daher aufgerufen, Altpapier zu senden oder an einer Sammelstelle abzugeben.

Magazin und Ratgeber

Alle Magazine berichteten über die Lage der deutschen Automobilindustrie, stellten neue Entwicklungen vor und Modelle aus dem Ausland, speziell aus Amerika und zeigten, dass es auch wieder sportliche Veranstaltungen gab.

Einer Not der Zeit gehorchend gab es auch Tipps, z. B. wie man den Mangel an Transportfahrzeugen durch den Umbau von Personen- zu Lieferwagen lindern könne, denn die waren für die Wiederaufbauarbeiten des kriegszerstörten Landes unerlässlich.

Mit der Umrüstung auf eine Holzvergaser-Anlage konnten Fahrzeugbesitzer der Benzinknappheit entgehen. „Warum sich um den Brennstoff quälen? Niesen-Generator wählen!" warb ein Generator-Hersteller für sein Produkt. Er war nicht der Einzige, auch bei Favorit, Imbert, Zeuch oder Wacker entstanden Holzgasanlagen, mit denen Lastwagen und Pkws ausgerüstet wurden.

„Tanken" konnte man notfalls (völlig kostenlos) im Wald: „Als Notmaßnahme können in den HB-Erzeugern alle Arten von Holz benutzt werden, selbst das Holz von frisch gefällten Bäumen." So auf „Waldkraftstoff" umgerüstete Personenwagen erkannte man am mächtigen Kühler an der Front und dem Kessel (meist) am Heck, von dem aus das Gas über eine Leitung zum Motor geführt wurde.

Kniffe und Tücken des Holzvergasers

Das Betreiben eines Holzvergasers war eine Wissenschaft für sich und wollte erlernt sein; auch Geduld gehörte dazu. Eine Broschüre „Kleine Winke für Generatorfahrer" gab wertvolle Tipps: „Wenn durch Versäumnis des Fahrers nicht rechtzeitig getankt wurde und keine Holzkohle an Bord ist, um den heruntergebrannten Feuerbettinhalt zu ergänzen, zunächst eine Schicht von 10–20 cm Holz oder Braunkohle einfüllen. Fülldeckel öffnen und in die Schnüffelklappe ein Stück Holz oder dergleichen klemmen, damit ungehindert Luft eintreten kann. Nach etwa 30–40 Minuten Kraftstoff auffüllen, Deckel schließen, wie gewöhnlich anfachen und starten." Da durfte man nicht unter Zeitdruck stehen!

Mit Benzinkanister zur Fahrstunde

Benzin war Mangelware und streng rationiert. Wie ernst diese Situation war, lässt sich an den Konditionen ermessen, unter denen man die Fahrerlaubnis erwerben konnte, denn nur bei dringend beruflich benötigtem Führerschein organisierte das Straßenverkehrsamt den wichtigen Brennstoff. Anderenfalls mussten Fahrschüler das Benzin für die benötigten Fahrstunden selbst zur Verfügung stellen.

Dank fehlgeleiteter Bomben hatten die Kölner Ford-Werke den Krieg relativ glimpflich überstanden. Deshalb konnte man nach dem selbst auferlegten Motto „Und trotzdem vorwärts" schon in den ersten Nachkriegsmonaten wieder Lastwagen bauen, die den Vorkriegsmodellen entsprachen. Mit dem **Dreitonner Typ „Ruhr"** begann die Fahrzeugproduktion.

Mangelwirtschaft in der Autoindustrie

Was für die Produktion fehlte, holte man von ehemaligen Händlern und Zulieferbetrieben zurück oder ersetzte es durch anderes Material. Deshalb sorgten Rahmen aus Holz für die Stabilität der Fahrerhäuser. Viele Waren, darunter auch Motorenöl, bekam man nur auf Bezugsschein. Die ESSO-Werbung verkündete aus diesem Grund: „Nicht alle können Essolub bekommen. Was wirklich gut ist, ist auch knapp. Es steht auch leider Essolub noch nicht wieder in beliebigen Mengen zur Verfügung ...".

Bevor mit dem **Taunus** der erste Pkw das Kölner Werk im Jahre 1948 verlassen konnte, mussten weitere Hürden überwunden werden. Rohstoffe waren Mangelware, Werkzeuge für den aus Vorkriegszeiten stammenden Wagen nicht vollständig und Konstruktionsunterlagen fehlten. Deshalb fahndeten die Ingenieure nach einem einigermaßen brauchbaren Fahrzeug aus Vorkriegsproduktion, kauften den Wagen zurück und zerlegten ihn, um anhand der ausgebauten Einzelteile die benötigten Zeichnungen anzufertigen. Wegen seines runden Rückens fand der Volksmund sofort einen Ausdruck für den Taunus: **Katzenbuckel-Ford**.

Lebensmittel gegen Lastwagen

Die Menschen in Deutschland litten stark unter den Folgen des Krieges und Hunger machte ihnen zu schaffen. Das führte in verschiedenen Teilen des Landes zum Streik der Bevölkerung. Die Betriebsleitung bei Ford reagierte, indem sie ohne Wissen der Militärregierung einige Tonnen Lebensmittel mit einem Lastwagen bezahlten. Zuvor war schon ebenso heimlich ein Lkw gegen Fahrräder getauscht worden, damit die Arbeiter überhaupt das Werk erreichen konnten.

Das spezifische, leicht heulende Fahrgeräusch des wegen seiner geteilten Heckscheibe **„Brezelkäfer"** genannten Volkswagens ist vielen von uns noch vertraut; verursacht wird es nicht allein vom Boxermotor; auch das gerade verzahnte Getriebe trägt dazu bei. Es war nicht synchronisiert und verlangte beim Gangwechsel nach Zwischengas. Einfache Seilzugbremsen brachten den Wagen notfalls zum Stehen. Ältere Käferfahrer erinnern sich zudem noch an die Gaspedalrolle, an den Benzinhahn, an die mäßige Heizung und das Beschlagen der Scheiben in kalter Jahreszeit. Ein von Hand in den Tank gehaltener Stab ersetzte die Benzinuhr und Fahrtrichtungsänderungen wurden noch von ausklappbaren Winkern angezeigt. Auf der Habenseite stand die Zuverlässigkeit des Käfers in jeder Jahreszeit und seine Unschlagbarkeit, besonders wenn es um Fahrten auf schneebedeckter Piste ging. Der Käfer kämpfte sich durch und tat das, was die Werbung später von ihm erzählte: Er läuft... und läuft... und läuft... und läuft... und läuft...

Am Anfang war der Käfer

Die fünfziger Jahre brachten in Deutschland einige markante Fahrzeuge hervor, doch wohl kaum eines verbindet man so eng mit dieser Zeit wie den **Volkswagen**. Viele hatten die Fahrerlaubnis auf „dem Käfer" erworben, für zahlreiche Fahranfänger war er das erste Auto und Generationen von (Klein-)Kindern kletterten mit Vorliebe ins Kofferabteil hinter der Rücksitzbank und saßen dann fast direkt über dem Motor.

Noch im Jahr der Währungsreform stand das begehrte Objekt auf der zweiten Exportmesse in Hannover. „Mit einem Anschaffungspreis von 5300.– DM ab Werk für den 5-fach bereiften Wagen beansprucht er die knappen Geldbestände am wenigsten", wurde die Standard-Ausführung des **Volkswagens** beworben. Es gab sogar wieder Prospekte, u. a. in englischer und französischer Sprache, denn vom Auslandsgeschäft versprach man sich wichtige Devisen. Für die betuchte Kundschaft baute man bald eine „Export-Limousine" mit Chrom und besserer Ausstattung, gefolgt von der „Sonnendach-Limousine" und einem Cabriolet.

Das Markenzeichen früher **VW-Busse** ist die geteilte Frontscheibe. Der luftgekühlte Boxer-Motor dieses Modells von 1950 leistete 25 PS. Wie der erste Käfer besaß auch der Transporter nur ein einzelnes, mittig angebrachtes Bremslicht; auf eine hintere Stoßstange musste man anfangs ganz verzichten. Trotz oder vielleicht gerade wegen ihrer Einfachheit wurden gebrauchte Busse in den sechziger Jahren zum bevorzugten Transportmittel von Studenten und Abenteurern, wenn es darum ging, möglichst billig ans andere Ende der Welt zu kommen.

Der VW-Bus – einfach aber geräumig

Henry Ford und der Volkswagen

Nach Kriegsende unterlag das Volkswagen-Werk der Beschlagnahme und wurde von der britischen Militärregierung bewirtschaftet. „Wolfsburg Motor Works" war die neue Bezeichnung. Obwohl sich die Konstruktion des Volkswagens von Professor Porsche im Krieg bewährt hatte, glaubte jetzt kaum jemand an deren Erfolg. Auch nicht Henry Ford II. konnte sich vorstellen, dass die Menschheit auf ein solches Fahrzeug wartet. Um sich selbst ein Bild von der Lage zu machen, hatte sich der Amerikaner im Frühjahr 1948 nach Köln begeben. Während dieses Besuches legte die britische Besatzungsmacht dem erfolgreichen Konzernchef ans Herz, die zu 60 % zerstörten Produktionsanlagen des Werkes in Wolfsburg zu erwerben. Daraufhin begab er sich höchstpersönlich ans Steuer eines Volkswagens. Doch seine Begeisterung für das Gefährt hielt sich in Grenzen. Mit der Begründung, alle Kräfte in Köln konzentrieren zu wollen, lehnte er das Angebot ab.

„In Vaters Käfer spielte ich als Kind immer wieder am Umschalthahn für Reserve, der weit unter dem Armaturenbrett saß. Einmal vergaß ich, in welcher Stellung er ursprünglich war. Prompt blieb der Käfer dann an einem regnerischen Herbsttag auf freier Strecke einfach stehen und Vater musste ziemlich weit zur nächsten Tankstelle laufen, um Benzin zu holen."

Vom VW zum Porsche

Selbst Porsche, das deutsche Traumauto schlechthin, geht auf den VW zurück. Seinen Ursprung hat der weltberühmte Sportwagen im österreichischen Gmünd, wo Ferry Porsche, der Sohn des Volkswagen-Konstrukteurs Ferdinand Porsche, 1948 einen Leichtmetall-Roadster auf Basis des Volkswagens baute – den ersten Porsche. Nach einer kleinen Serie zog die Firma 1950 nach Stuttgart um und schuf dort die weltberühmte Traumwagenfabrik, aus der nach verschiedenen Versionen des rundlichen 356er im Jahre 1967 schließlich der 911er Porsche kam, den es in seinen Grundzügen bis zum heutigen Tage gibt. Rund 25 000 DM kostete dieser **Porsche 356 B** als Cabriolet im Jahre 1963 – wahrlich kein Pappenstil.

Flucht aus dem Osten – Neuanfang bei DKW

Die vier Ringe

Ein kleiner Zweitaktmotor, den der Ingenieur J. S. Rasmussen in Zschopau für Spiel- und Lehrzwecke baute, markiert den Beginn der Marke DKW: „Des Knaben Wunsch." Die Weiterentwicklung dieses Kleinst-Aggregates führte 1920 zu einem Fahrradhilfsmotor: „Das kleine Wunder – fährt schneller bergauf als andere runter!" Ab 1922 wurden unter der Bezeichnung DKW Motorräder und ab 1928 in Berlin-Spandau auch Automobile hergestellt. Ab 1931 ließ Rasmussen die ersten **DKW-Zweizylinder-Wagen** mit Frontantrieb bauen. Aufgrund wirtschaftlicher Schwierigkeiten kam es 1932 zur Gründung der Auto Union AG, in der Audi, DKW, Horch und Wanderer zusammengefasst wurden, was sich im Symbol der vier Ringe widerspiegelt.

Die deutsche Teilung spaltet die Autoindustrie

Nach Kriegsende wurden die enteigneten, in der Sowjetzone gelegenen Audi- und Horch-Werke zu Instandhaltungsbetrieben für Fahrzeuge der Roten Armee umfunktioniert. Im Oktober 1949 erklärte sich die sowjetische Besatzungszone zur DDR. Damit vertiefte sich die deutsche Teilung, was sich für die Autoindustrie dieses „neuen" Landes als Problem erweisen sollte. Viele der ehemaligen Zulieferbetriebe befanden sich nämlich in den westlichen Zonen, außerdem hatten maßgebliche „Köpfe" und Mitarbeiter der traditionsreichen Autowerke bereits die Flucht in den Westen unternommen, die Koffer gefüllt mit Patenten und Konstruktionszeichnungen, die nicht der sowjetischen Militäradministration in die Hände gefallen waren. Einige der Geflüchteten sammelten sich in Ingolstadt, wo daraufhin ein Zentrallager entstand, aus dem sich die neue Auto Union entwickelte. Sie begann sogleich mit der Produktion von Motorrädern, nahm aber auch ein neues Fahrzeug in Angriff: den **Schnell-Laster F 89 L.**

Mit der Bezeichnung **DKW 3=6** (vorgestellt 1955) wollte die Auto Union den Kunden davon überzeugen, dass drei Zylinder ebenso ruhig laufen wie deren sechs. Aber die blauen Wolken aus dem Auspuff blieben; die Älteren unter uns haben den typischen Klang des Motors noch im Ohr: Rrrrängtängtäng ... Letztlich brachte das Festhalten der Firmenleitung am Zweitaktmotor die Marke DKW in Schwierigkeiten.

Als Folge davon kam es 1958 zu einem Verkauf der Auto Union an die Daimler-Benz AG. Im gleichen Jahr erschien der **DKW 1000**, ein modernisierter 3=6 mit knapp 1000 ccm und ein bildschöner **Sportwagen** nach dem Vorbild des amerikanischen Ford Thunderbird. Der Typ **„Junior"** rundete das Programm ab 1959 nach unten ab.

1964 folgte mit dem F 102 schließlich ein völlig neuer Mittelklassewagen – der letzte DKW. Ein Jahr später sollte der VW-Konzern das Werk Ingolstadt von Daimler-Benz übernehmen. Der F 102 wurde überarbeitet, er bekam einen noch von den Stuttgartern entwickelten Viertaktmotor und einen neuen, aber aus Vorkriegszeiten bekannten Namen: Audi.

„Einmal in der Woche kam der Milchmann in unser Dorf. Er fuhr einen **DKW-Schnell-Laster** mit Verkaufswagenaufbau. Schon von weitem ließ er eine Klingel ertönen, um dann am Straßenrand zu halten und eine große seitliche Klappe aufzustellen, die bei Regenwetter einen kleinen Schutz bot. Er lieferte alle Arten von Milchprodukten und brachte aus der Stadt auch schon mal andere Dinge mit, sofern man sie vorher bestellt hatte. Die Frischmilch pumpte er zuerst immer in einen Messbecher, bevor er sie in die mitgebrachte Milchkanne leerte. ‚Einen Gruß an die Mutti und dass du mir nichts verschüttest!' rief er mir stets hinterher."

Der Milchmann kommt im DKW

Der **EMW** trat in der DDR die Nachfolge von BMW an.

BMW als Wiedergutmachung

Die Zentrale von BMW, zunächst Hersteller von Motorrädern und Flugmotoren, befand sich schon vor dem Krieg in München, Pkws aber liefen in Eisenach vom Band. Was 1945 von den dortigen Produktionsstätten übrig war, wurde Teil des russischen Industriekombinats Autovelo. Noch im gleichen Jahre entstanden dort neben Handwagen und Haushaltsgeräten wieder BMW-Motorräder und Pkws vom Vorkriegstyp 321, später auch 327. Anders als bei den Modellen aus Vorkriegsproduktion waren die Türen der neuen Fahrzeuge aber nicht mehr hinten, sondern vorne an der A-Säule angeschlagen. Da diese Fahrzeuge als Wiedergutmachung an die Besatzer geliefert wurden, konnte eine weitere Demontage des Werkes verhindert werden. Mit dem Übergang ins Volkseigentum im Jahre 1952 wurde das Eisenacher Motorenwerk (EMW) ebenfalls Teil der IFA.

In München konnte 1948 die Fertigung von Motorrädern wieder aufgenommen werden und 1951 die Fertigung von Personenwagen vom **Typ 501**. Er basierte auf dem Vorkriegsmodell 326. So schön der Wagen auch war, für den Großteil des Volkes blieb BMW ein Traumwagen. Gewinne fuhr der pausbäckige Münchner daher nicht ein, im Gegenteil. Aber als Polizeistreife Isar 12 ist er fest in unserem Gedächtnis verankert.

Opel „Blitz“ rettet den deutschen Wiederaufbau

Wie überall in der ehemaligen Autoindustrie versuchte Opel einen Neuanfang mit der Reparatur von Armeefahrzeugen. Das Brandenburger Werk für Opel-Lastwagen (Dreitonner-Blitz) war von den Sowjets komplett demontiert und ins eigene Land geschafft worden; Gleiches blühte auch den Rüsselsheimer Produktionsanlagen für den Kadett, der bald darauf als Moskwitsch 400 im fernen Russland wieder auferstand. Die Hoffnung der Rüsselsheimer, mit diesem Kleinwagen wieder Boden unter die Füße zu bekommen, hatte sich damit zerschlagen. Opel schaffte es dafür schon im Juli 1946, die Produktion des kleinen 1,5-t-Lastwagens fortzusetzen; dieser Opel Blitz und sein Nachfolger sollten zu den wichtigsten Helfern im deutschen Wiederaufbau werden.

Nach der Genehmigung zum Bau von Personenwagen wurden noch im Jahre 1947 einige wenige Exemplare vom verbesserten (Vorkriegs-)Typ **„Olympia“** gefertigt; im Jahr darauf sollten schon 5762 und ein Jahr später nochmals über 20 000 Einheiten das Werk verlassen. Da hatten die Verantwortlichen bei General Motors/USA bereits entschieden, die Adam Opel AG weiterzuführen. Nach der Währungsreform belebte Opel auch den Kapitän wieder; bis auf wenige Änderungen entsprach er dem Modell von 1939.

Neben der Anschaffung eines Autos gab es noch andere Wünsche, die erfüllt werden wollten; eine Wohnung samt Einrichtung und richtigem Badezimmer und vielleicht ein neues Radiogerät mit UKW, eine Waschmaschine, ein Kühlschrank. Den gab es auch von Opel: **„Frigidaire“** nannte sich das Kühlgerät.

Obwohl Opel schon im Juli 1946 die Produktion des kleinen 1,5-t-Lastwagens aufgenommen hatte und wenig später auch die des verbesserten Vorkriegs-Typ Olympia, stand die Zukunft für das Werk auf sehr wackeligen Beinen. Dann aber entschied sich General Motors/USA doch noch für die Weiterführung der Adam Opel AG. Die großzügige Verwendung von glänzendem Chrom ist gleichermaßen Symbol für das beginnende Wirtschaftswunder; es zeigt die Abkehr von den dunklen Jahren des Krieges und der Not, auch wenn nur eine verhältnismäßig geringe Zahl von Leuten sich diesen Traum verwirklichen konnte.

Entsprechend den aus Amerika kommenden neuen Moden wird im Jahre 1950 die Knüppelschaltung bei **Olympia und Kapitän** durch eine Lenkradschaltung ersetzt; sie hat statt vier nunmehr drei Gänge.

Dicke Chromleisten an der Front verleihen dem Olympia ein breit grinsendes Gesicht und auch der Kapitän wird ein Jahr später komplett nach amerikanischem Vorbild überarbeitet.

Berücksichtigt man die Bedingungen, unter denen eine Produktion nach Kriegsende erfolgte, grenzt es schon an ein Wunder, dass Borgward bereits 1949 auf dem Autosalon in Genf einen völlig neuen Wagen präsentierte: den **Hansa 1500**. Dieses Modell mit einem 48 PS starken 1,5-Liter-Vierzylindermotor war die erste deutsche Nachkriegskonstruktion eines Personenwagens; der Hansa führte hierzulande die neue Karosserielinie der Pontonform ein. Bei der Entwicklung des Hansa war Carl Borgward seine Gefangenschaft zugute gekommen; dort nämlich hatte er die Gelegenheit genutzt, die jüngsten Entwicklungen des Automobilbaus in amerikanischen Autozeitungen zu studieren.

Borgward führt die Pontonform ein

Wiederaufbau bei Borgward

Weil einst die Bremer Borgward-Werke Schützen-Panzerwagen und anderes Kriegsgerät geliefert hatten, waren sie noch in den letzten Kriegsmonaten schwerem Bombardement ausgesetzt worden. Carl F. W. Borgward hatte man als Kriegsverbrecher bei Kriegsende sofort interniert, 1948 aber wieder frei gelassen. In der Zwischenzeit leisteten die zurückgekehrten Arbeiter unter der Leitung eines Treuhänders Aufräumarbeiten und begannen gleichzeitig trotz Verbotes der Besatzer Lastwagen aus vorhandenen Teilen zusammenzubauen. Als Borgward nach seiner Entlassung ins Werk zurückkehrte, konnte sofort der Wiederaufbau beginnen. Borgward begann mit der Herstellung eines kleinen Dreirad-Lieferwagens mit Zweitaktmotor und Heckantrieb, dem Goliath GD 750. Damit traf er ins Schwarze; der Bedarf an günstigen Transportfahrzeugen war riesig und so rissen ihm Geschäftsleute und Handwerksbetriebe den Lieferwagen aus den Händen.

Borgward – Erfolgsstory ohne Happy End

Zusammen mit den Autos, die seinen Namen trugen, hatte Carl F. W. Borgward mit Goliath und Lloyd für nahezu jeden Geldbeutel etwas im Angebot. So wollte er nun auch wieder eine Luxuslimousine bauen. Mit dem Hansa 2400, vorgestellt 1952, verwirklichte er diesen Traum. Doch die Form mit Fließheck fand wenig Gefallen. Erst der **Borgward P 100** (1960–61), der so genannte große Borgward, hätte langfristig vielleicht erfolgreicher sein können, wenn die Banken nicht die Finanzschraube zugedreht hätten.

„In den späten sechziger Jahren, ich muss etwa 14 oder 15 Jahre alt gewesen sein, stand lange Zeit auf den Parkplätzen einer Mehrfamilienhaussiedlung eine Isabella ohne Kennzeichen. Eine dicke Schicht Straßenstaub verdunkelte den Lack und auf der Haube hatten sich Blätter von den umstehenden Bäumen angesammelt. Eines Tages stand das Fenster der Fahrertür offen. Niemand war in der Nähe, eine gute Gelegenheit, den Wagen zu inspizieren. Mich beeindruckte die Vielzahl von elfenbeinfarbenen Schaltern am Armaturenbrett, deren Bedeutung wohl nur Eingeweihte kannten. Jeder einzelne strahlte eine unheimliche Wichtigkeit aus. Von diesem Moment an stand für mich fest, dass mein späteres Auto auf jeden Fall viele Schalter haben muss."

Das Nachfolgemodell, die 1954 vorgestellte Isabella, gehört zu den unvergessenen Klassikern unseres Landes. Besonders als Coupé war die Isabella ein Auto von geradezu hinreißender Eleganz und Schönheit.

GOLIATH
W83-1472

Als Selfmademan und uneingeschränkter Chef hatte Borgward zwar überall das erste und letzte Wort, dennoch arbeitete und entwickelte jede Firma für sich. So entstand im Goliath-Werk, neben Lloyd die dritte Marke aus dem Borgward-Imperium, nach dem Dreirad nicht nur ein weiterer Lieferwagen (mit vier Rädern), sondern bis März 1950 auch eine viersitzige Limousine, der **GP 700**. Trotz seines Zweitaktmotors (24 PS) war er preislich mit mehr als 6400 DM weit oberhalb des VW-Käfers angesiedelt.

Ein wesentlicher Einschnitt bei Goliath war 1957 die Umstellung auf einen wassergekühlten Vierzylinder-Boxermotor aus Leichtmetall, der vor der Vorderachse saß und gut mit dem Frontantrieb harmonierte. Bis zu seinem Ende behielt dieser Wagen (hier der **GP 900**) seine äußere Form im Wesentlichen bei. Im Laufe der Jahre belebte neben technischen Verbesserungen mehr Chrom sein Äußeres und ab 1958 bekam er dem Zeitgeschmack entsprechend modische Heckflossen. Damit einher ging die Umbenennung in „Hansa 1100". Die Marke Goliath war somit gestorben.

Mit dem **Lloyd LT 500** bereicherte Lloyd die Autowelt 1952 nach eigener Aussage mit „einem neuen Fahrzeugtyp", in dem 13 PS mit einer möglichen Zuladung von sechs Personen oder 400 kg kämpfen mussten. Der „Theodor", wie ihn der Volksmund vielleicht wegen seiner „menschlichen" Züge nannte, gilt als Vorläufer heutiger Großraumlimousinen.

Borgward der Industriekapitän

Carl F. W. Borgward wurde früher anerkennend als Industriekapitän bezeichnet und gilt neben Ludwig Erhard als Symbol des deutschen Wirtschaftswunders. Er wusste einflussreiche Leute hinter sich, investierte Gewinne und hielt stets die Fäden seines Imperiums in der Hand. So merkte er sehr bald, dass sich noch lange nicht jeder ein Auto leisten konnte; von einem Gebrauchtwagenhandel konnte man noch nicht sprechen und ein neues Fahrzeug überforderte das Budget vieler Kaufwilligen. Um hier Abhilfe zu schaffen, hatte Borgward 1949 die „Lloyd Maschinenfabrik GmbH" gegründet und sie ein Jahr später in die „Lloyd Motoren Werke GmbH" umgewandelt.

Der erste Lloyd war ein Kleinwagen mit einem nur 300 ccm großen Zweizylinder-Zweitaktmotor. Mit nur 10 PS beschleunigte das Wägelchen unter günstigen Bedingungen auf 75 km/h und das alles für 3334 DM! Das eröffnete vielen Existenzgründern neue Möglichkeiten und war Anreiz genug, um vom Motorrad aufs Auto umzusteigen, zumal es ab 1951 den Lloyd für „nur" 500 DM mehr auch als Kombi gab. Als Karosserie diente eine Holzrahmenkonstruktion, die komplett mit Kunstleder überzogen war. Schäden flickte man notfalls mit Leukoplast, was ihm den unvergesslichen Spitznamen **„Leukoplastbomber"** einbrachte.

„Wer den Tod nicht scheut, fährt Lloyd"

Die hölzernen Karosserien des Lloyd sollten sich als Problem erweisen: Eindringende Feuchtigkeit wirkte sich negativ auf die Passform der Karosserie aus; das führte zu klemmenden Türen oder zum Öffnen derselben im ungeeignetsten Moment (vielleicht in einer Kurve). Die Folgen konnten fatal sein, nicht umsonst wurden die hinten angeschlagenen Türen als „Selbstmördertüren" bezeichnet. Der Volksmund fand einen passenden Spruch: „Wer den Tod nicht scheut, fährt Lloyd!" Ab 1953 ersetzte man Sperrholz und Kunstleder schrittweise durch Stahlblech und verlegte die bis dahin außen liegenden Scharniere von Türen und Hauben nach innen. Damit entwickelte sich der Lloyd zur ernsthaften Konkurrenz für jene Konstrukteure, die gerade erst einen Kleinwagen auf die Räder gestellt hatten oder sich noch mit der Entwicklung beschäftigten.

Auch das **Tempo-Dreirad** prägte das Straßenbild der fünfziger Jahre. Es entstammt dem Unternehmen Vidal & Co. in Hamburg, wo 1949 ebenfalls der vierrädrige **Matador** gebaut wurde. Wie der dreirädrige Goliath lärmte, holperte, schwankte und rüttelte der Tempo auf den meist schlechten Straßen, die auf Nebenstrecken häufig mit Steinen gepflastert waren. Holprig ging es auch auf den noch unbefestigten Dorfstraßen zu, wo verlorene Hufnägel immer wieder für platte Reifen sorgten.

Mit einem Dreirad und dem Ruf „Luuuumpen, Alteisen, Papiiiiier" zogen häufig Altwarenhändler über die Dörfer. Nicht selten verlor ein Fahrer in der Kurve die Bodenhaftung und legte seine Fuhre unsanft auf die Seite. Das war stets eine willkommene Abwechslung für Kinder und Jugendliche, die aus allen Richtungen herbeieilten und sich zunächst darüber lustig machten, bevor sie dem Fahrer halfen, das Gefährt wieder auf die Räder zu stellen. 1956 verließ das letzte Dreirad die Werkhallen, um dann im fernen Indien seine Wiederauferstehung zu erleben. In den sechziger Jahren wurde aus der Zusammenarbeit mit Hanomag eine Übernahme, so dass die letzten **Tempo-Matador** schließlich unter neuem Firmenzeichen verkauft wurden.

Tempo auf drei Rädern

Der **Mercedes 170** war zwar ein überarbeitetes Vorkriegsmodell, aber während andere Hersteller der Versuchung erlagen, modischen Strömungen nachzugeben, vertrat Mercedes eher den Standpunkt konservativen Fahrzeugbaus ganz im Sinne Konrad Adenauers, der die Bundestagswahl 1957 unter das Motto stellte: Keine Experimente. Vielleicht ist das mit ein Grund, der die Fahrzeuge von Mercedes schnell zum Inbegriff von Wert und Stabilität und damit zum Statussymbol werden ließ. Einen eigenen Anteil daran trägt sicher auch der Stern auf dem Kühler, der stets im Blick des Fahrers liegt. Dazu der Spruch „Ihr guter Stern auf allen Straßen" ist ein nicht unwichtiges psychologisches Moment, das Fahrer und Insassen ein Gefühl von Sicherheit und Geborgenheit verlieh.

Wie Phoenix aus der Asche

Alle Produktionsstätten von Mercedes hatte es im Krieg stark getroffen; nicht nur das Stammwerk in Untertürkheim war zu mehr als 60 % zerstört. Trotzdem schaffte man es im Werk Sindelfingen, sozusagen aus dem Nichts heraus Lieferwagen (speziell für Polizei und Krankentransport) vom **Typ 170 V** zusammenzubauen.

Zu den Eintagsfliegen gehört u. a. Wilhelm Gutbrod, der 1950 unter dem Namen **Gutbrod Superior** einen hübschen Zweisitzer mit Zweitaktmotor vorstellte. Auf dessen Basis entwickelten die Westfalia-Werke in Wiedenbrück einen Kombi, der von 1952 bis 1954 auch dort gebaut wurde. Wegen seiner im Vergleich anfälligen Technik und seinem Preis, der über dem eines Volkswagens lag, erreichte die Gesamtproduktion keine 8000 Stück.

Von Eintagsfliegen zu Raritäten

Die Geschichte des **Champion** Kleinwagens begann bald nach Kriegsende in den Skizzenbüchern eines Diplom-Ingenieurs. Im Gegensatz zu vielen anderen Projekten konnte sein Konstrukteur von 1948 bis 1951 immerhin rund 400 Stück dieses Wägelchens mit einem 6 (in Worten: sechs) PS starken 250-ccm-Motor (von Triumph) auf die Räder stellen. 1954 sollte ein Kombi den Kundenkreis erweitern, 1956 eine Limousine. Im selben Jahr erfuhr der Champion eine Namensänderung und hieß Maico 500. Doch die Konkurrenz wuchs, der Markt bereinigte sich und 1958 wurde die Produktion des Maico eingestellt.

Motorräder mit Dach

Zahlreiche, teilweise selbst ernannte Autobauer versuchten ihr Glück, indem sie sich an die Herstellung eines Kleinwagens wagten. Für einen großen Wagen fehlte das Geld und zahlreiche Menschen stellten schon den Motorroller auf eine höhere Stufe als das Motorrad, weil er immerhin geringen Wetterschutz bot. Fehlte nur noch das Dach über dem Kopf! Viele Kleinwagen durften außerdem von Besitzern des alten Führerscheins Klasse IV bewegt werden. Doch die Zeit war schnelllebig und viele Konstruktionen waren bereits veraltet, als sie auf den Markt kamen und hatten schon allein wegen fehlender Vertriebsmöglichkeiten keine echte Marktchance. Ihre Namen verschwanden deshalb mehr oder weniger schnell wieder von der Bildfläche.

Nicht anders erging es den Herstellern des urigen Fuldamobils, der Heinkel Kabine, des hübschen **Victoria Spatz**, in dem drei Personen nebeneinander Platz hatten, oder des Kleinschnittgers (1950–54), den man von Hand anheben und umdrehen musste, weil er keinen Rückwärtsgang besaß.

Auch dem **Zündapp Janus** (1957) war keine Zukunft mehr gegönnt. Wie die römische Gottheit, nach der er benannt wurde, besaß er zwei Gesichter, denn er sah mit Front- und Heck-Einstieg von vorne wie von hinten nahezu gleich aus. Weil man im Janus deshalb Rücken an Rücken saß, blickten die hinten sitzenden Passagiere dem nachfolgenden Verkehr direkt ins Gesicht. Kinder nutzten das gerne aus, um dem nachfolgenden Fahrer eine lange Nase zu zeigen oder die Zunge herauszustrecken. Der Vater konnte es ja nicht sehen ...

Wie viele andere Kleinwagen entstand auch der **Messerschmitt Kabinenroller** nicht mit der Zielsetzung, ein Spaßmobil zu kreieren. Ursprünglich war das Gefährt mit den drei Rädern für Beinamputierte gedacht. Dass er wie eine rollende Flugzeugkanzel aussah, verdankt er seinem Erfinder Fritz Fend, einem Flugzeug-Ingenieur. Aus dem 1948 entwickelten Fend-Flitzer entstand 1952 der zweisitzige Kabinenroller, der schließlich im Regensburger Messerschmitt-Werk in Serie ging. Messerschmitt-Besitzer standen jedoch zunehmend im Ruf armer Schlucker; wer im Kabinenroller vorfuhr, musste mit dem Spott des Volkes rechnen. Wegen der gläsernen Kanzel, die für den Ein- und Ausstieg zur Seite geklappt wurde, nannte man das Gefährt „Schneewittchensarg" und die eng hintereinander sitzenden Passagiere bezeichnete man scherzhalber als „Menschen in Aspik".

Italienischer Charme aus Neckarsulm

Schon vor dem Krieg wurden bei NSU in Heilbronn Fiat-Fahrzeuge in Lizenz gebaut. Ab 1950 startete hier wieder eine Produktion als NSU-Fiat. Nach dem **Fiat 500 C (Topolino)** erschien 1953 das Modell „Neckar". Sein Markenzeichen wurde ab 1956 eine mittig im Kühlergrill sitzende Nebellampe, die auf Wunsch erhältlich war. Richtig populär wurde dann der **NSU-Fiat Jagst 600**. Seine Geburtsstunde liegt im Jahre 1956.

NSU selbst hatte sich zunächst wieder einen Namen mit Zweirädern gemacht. Die NSU Fox, Quick, Quickly („Wohl dem, der eine Quickly hat“) und Motorroller wie Prima, bzw. der Nachfolger Lambretta genossen Weltruf. Mit dem 20 PS starken **„Prinz I/II“** stieg man dort 1958 wieder in die eigene Automobilproduktion ein. „Fahre Prinz und du bist König“ lautete der Werbespruch. Schon ein Jahr später folgte der elegante Zweisitzer „Sport-Prinz“, dem 1964 ein Cabriolet mit Wankelmotor, der **Wankel-Spider**, zur Seite gestellt wurde.

Aus den Verstecken hervorgeholt

Ein großer Teil aller Fahrzeuge war im Krieg von den Nationalsozialisten eingezogen worden; am ehesten hatten noch Motorräder in Verstecken überlebt. Die wurden jetzt wieder fahrbereit gemacht, bis es vielleicht zu einer neuen Maschine reichte.

Nach der Währungsreform begann das Werben um die Gunst potentieller Kunden. 1951 hatten die Nürnberger Victoria Werke wieder ein breites Angebot vom Fahrrad mit Hilfsmotor, einer 125er („soziusfest") bis zur 250er („beiwagenfest") und 350er mit Zweizylinder-V-Motor. Um mehrere Personen mitnehmen zu können, brauchte man mindestens 250 ccm und einen Beiwagen. Derlei Gespanne mussten lange Zeit ein Auto ersetzen.

Zweiräder – flink und wendig

Zweiräder von NSU hatten einen sehr guten Ruf; sie galten durchweg als zuverlässig, was auf Fernfahrten gerne bewiesen wurde. Die **Quick** galt als beliebtes Klein-Motorrad.

„Nicht mehr laufen, Quickly kaufen" – Ein Klassiker unter den Einstiegs-Zweirädern war die **NSU „Quickly"**. Sie schonte den Geldbeutel, denn sie war steuer- und zulassungsfrei. Außerdem benötigte man wegen ihres Fahrrad-Charakters keinen Führerschein. Die Bedienungsanleitung weist deshalb ausdrücklich darauf hin, dass die nachträgliche Montage von Motorradzubehör nicht erwünscht ist, um diese Führerschein-Freiheit zu erhalten.

Mit der **Vespa** (= Wespe) kam ein neuer Zweiradtyp aus dem Land jenseits der Alpen, dem damals alle Urlaubssehnsüchte galten; so wurde der Motorroller zum Sinnbild italienischen Lebensgefühls. Hierzulande fertigte zunächst die Zweiradfabrik O. Hoffmann in Düsseldorf die Vespa in Lizenz, später kam sie dann aus den Messerschmitt-Werken in Augsburg.

Das kecke Zweirad mit der Wespentaille sollte nicht ohne Konkurrenz bleiben; bei NSU wurde schon 1950 mit der Lizenzproduktion der ebenfalls aus Italien stammenden **Lambretta** begonnen, bevor man mit dem **Prima-Roller** eine eigene Konstruktion anbieten konnte. Auf eine erfolgreiche Karriere kann u. a. auch die **„Bella"** zurückblicken, ein Roller aus den Zündapp-Werken in Nürnberg. Der italienische Name Bella sollte dem Zündapp-Roller zum Verkaufserfolg verhelfen.

Größere **Roller** von Heinkel, Maico oder Goggo beispielsweise waren eher langstreckentauglich, aber auch bequemer und komfortabler als ein Motorrad. Schutz vor Witterung und Stürzen bot aber meist nur ein dicker Ledermantel und eine Kappe, die mit einem Riemen unter dem Kinn verzurrt wurde. Die Pflicht, einen Helm zu tragen, wurde erst 1976 eingeführt!

Als Einstieg ins motorisierte Leben diente in den fünfziger und sechziger Jahren das **Moped**. Es war bei Jung und Alt gleichermaßen beliebt. Ältere Besitzer rüsteten es gerne mit einem Wetterschutz aus, der aber bei der heranwachsenden Jugend als total unsportlich galt.

Die „Halbstarken"

Mopeds der späten fünfziger und sechziger Jahre wirkten meist elegant und schnittig; sie verführten ihre Fahrer zu einer stark gebückten Haltung mit angelegten Ohren. Die DKW Hummel mag man dazu zählen, die Victoria „Kavalier" und einige andere, die gerne von den „Halbstarken" bewegt wurden; so nannte man jene Jugendlichen, die mit ihren Zweirädern um die Häuserblocks fegten oder grüppchenweise irgendwo „herumhingen" und von Zeit zu Zeit eines ihrer Mopeds antraten, um den Motor aufheulen zu lassen. Sie trugen Nietenhosen und Lederjacken und hatten tubenweise Brisk oder Ähnliches in ihre Haare geschmiert. Auch die Mädchen hatten ihre Röcke gegen Capri-Hosen getauscht und ihre Haare meist zum Pferdeschwanz gebunden.

Ganz langsam entwickelte sich ein Markt für Gebrauchtwagen. Wegen des großen Bedarfs wechselten Fahrzeuge in der Regel ohne Zwischenhändler ihren Besitzer; Vorkriegsmodelle, wie der **Hanomag Rekord** von 1936 wurden häufig in eigener Regie wieder zusammengeflickt, zum Lieferwagen umgebaut oder man beauftragte einen Karosseriebauer mit der Anfertigung einer modernen Karosserie.

Karosseriebauer erleben Hochkonjunktur

Die Anschaffung eines Autos bedeutete, ein Ziel erreicht zu haben. Anders als heute konnte man mit einem Neuwagen jedoch nicht sofort losbrettern, sondern musste bestimmte Vorschriften zum Einfahren einhalten. Beim Volkswagen und anderen Fahrzeugen bedeutete das um 1950, die ersten 500 km nicht schneller als 60 km/h zu fahren, um dann weitere 1000 km nicht die 70 km/h zu überschreiten; dabei sollte möglichst viel zwischen den Gängen gewechselt werden – und das mit Zwischengas, denn ein synchronisiertes Getriebe war keine Selbstverständlichkeit. Wer sich diese Prozedur selbst nicht zutraute, überließ die ersten Kilometer einem „Einfahrer".

Bücher halfen meist auf väterliche oder heitere Art dem Anfänger, sich mit der Technik und den Geheimnissen eines Kraftfahrzeugs vertraut zu machen. „Besser fahren mit dem Volkswagen" von Arthur Westrup gehörte ebenso dazu wie „Mit dem Auto auf du" von Alexander Spoerl oder „Das praktische Autobuch" von H. Dillenburger.

Schon gewusst?

- Ab **1951** war für zulassungspflichtige Fahrzeuge alle zwei Jahre eine Prüfung vorgeschrieben. Erst ab 1961 musste der Nachweis einer solchen Prüfung durch eine farbige Plakette auf dem hinteren Kennzeichen erbracht werden.
- **1954** schickt der ADAC ein erstes Fahrzeug für Pannen-Soforthilfe auf die Straßen. Im selben Jahr werden in Duisburg die ersten Parkuhren in Deutschland aufgestellt. Die Parkgebühr für eine Stunde: 10 Pfennig.
- Ab September **1957** gilt eine allgemeine Geschwindigkeitsbegrenzung von 50 km/h innerhalb geschlossener Ortschaften.
- **1959** wird die erste Radarkontrolle der Polizei im Raum Düsseldorf durchgeführt.
- **1960** eröffnet in Gravenbruch das erste Autokino in Deutschland.
- Ab Juli **1961** müssen alle neuen Fahrzeuge über eine Diebstahlsicherung verfügen.
- Honda ist die erste Automarke aus Japan, die sich **1967** mit dem Sportwagen S800 dem deutschen Markt stellt. Doch die Entwicklung neuer Modelle in Deutschland steht zunehmend unter dem Motto größer, schneller, komfortabler. Darum werden die Japaner belächelt, als sie mit kleinen Autos den Markt erobern wollen. In Hinterhofwerkstätten und Tankstellen beginnt der Vertrieb, doch kaum jemand glaubt, dass sie eines Tages zur größten Konkurrenz unserer einheimischen Hersteller würden.

Trotz zunehmender Konkurrenz und allen Unkenrufen zum Trotz wurde der **Käfer** bald zum Maß aller Dinge. Modellpflegemaßnahmen, z. B. die Aufwertung durch US-Stoßstangen und Peilstab, nahm die Männerwelt in ähnlichem Maße wahr wie der Gewinn der Fußballweltmeisterschaft 1954, dem Jahr, als bereits der millionste Käfer vom Band lief!

Viel beachtete Änderungen waren ein neues Armaturenbrett und, 1953, der Wegfall des Mittelstegs im ehemals brezelförmigen Heckfenster. Findige Geschäftsleute boten daraufhin einen Umbausatz für ein ovales Fenster an, um ältere Käfer zu modernisieren.

Billigster **Volkswagen** mit äußerst karger Ausstattung blieb das Standard-Modell, das gerne von Behörden oder Firmen als Dienstwagen eingesetzt wurde. Damals verstand man noch zu sparen! Eine abermalige Vergrößerung der Heckscheibe fand im Jahre 1957 statt, 1960 folgte ein 34-PS-Motor, ein vollsynchronisiertes Getriebe und die Winker wurden durch Blinker ersetzt. Den Käfer von 1967 erkennt man an den senkrecht eingebauten Scheinwerfern.

Dank seiner von der Bodenplattform leicht abnehmbaren Karosserie war der Volkswagen das ideale Objekt zum Schaffen eigener Kreationen. Die bekannteste kam 1957 aus dem Karmann-Werk in Osnabrück, der **Karmann Ghia**. Seine äußere Form ließ ihn schneller erscheinen als er mit seinem 30, später 34 PS starken Motor überhaupt sein konnte. Die elegante Erscheinung, eine einfache Technik und der bezahlbare Unterhalt machten ihn bald zum Liebling für die (noch eher selten anzutreffende) autofahrende Frau, was ihm die Bezeichnung **„Sekretärinnen-Porsche"** bescherte.

„Unser ganzer Stolz in den fünfziger Jahren war ein Blaupunkt-Autoradio, das bei jeder Gelegenheit vorgeführt wurde. Nach dem Einschalten heizten sich erst die Röhren auf, darum dauerte es immer mehr als eine halbe Minute, bis erste Töne zu hören waren. Wenn wir bei Dunkelheit mit Licht unterwegs waren und Regenwetter den Einsatz der Scheibenwischer erforderte, schaltete Vater zuerst das Radio aus und sagte: ‚Das Radio zieht uns noch die Batterie leer', denn unser Opel, ein Rekord von 1955, hatte wie fast alle anderen Autos jener Zeit nur eine 6-Volt-Anlage."

Immer neue „Rekorde"

Bis 1952 hatten alle Hersteller ihre Entwicklungsabteilungen und Produktionsanlagen wieder so weit hergestellt, dass sie mit neuen Modellen aufwarten konnten. Mercedes brachte die Ponton-Serie. Bei Opel kam nun Jahr für Jahr ein überarbeiteter **Olympia Rekord** mit geändertem Kühlergrill und mit dem amerikanisch angehauchten und sehr komfortablen Kapitän versuchten die Rüsselsheimer der Konkurrenz aus Stuttgart Paroli zu bieten.

1958 stellte Opel einen völlig neuen **Rekord** mit Panoramascheibe vor. Er sah aus wie ein kleiner Amerikaner und wurde, nicht zuletzt wegen seiner Beliebtheit bei der ländlichen Bevölkerung, im Volksmund als **„Bauern-Buick"** verschrien. Vor allem groß gewachsenen Personen blieb er ebenso wie der Kapitän jener Zeit als Kniescheiben-Killer in Erinnerung. Verantwortlich dafür war eine ums Eck gezogene Frontscheibe, die weit in die Türausschnitte hineinragte. In das Nachfolgemodell des Mittelklassewagens, vorgestellt zu Beginn der sechziger Jahre, konnte man dagegen wieder gefahrlos ein- und aussteigen.

Mehr noch als Ford orientierte sich Opel in den sechziger Jahren am amerikanischen Design. Der gegenüber dem Vormodell vergrößerte **A-Rekord** sah aus wie ein kleiner Chevrolet; weil er aber noch das Fahrgestell vom Vorgänger hatte, kam er ziemlich schmalspurig daher.

Mit dem luxuriösen **Diplomat**, das Cabriolet blieb ein Einzelstück, stellte sich Opel der Oberklasse.

Während Opel sich mit Kapitän und den späteren Admiral- und Diplomat-Modellen schwer tat, begann mit dem **Kadett Typ „A"** im Jahre 1962 eine Erfolgsgeschichte. Der kleine Opel sollte dem VW ein Stück vom Kuchen wegnehmen. Immerhin konnte er mit einem „richtigen" Kofferraum punkten, einer schnell ansprechenden Heizung und der größere Abstand der Passagiere zur Windschutzscheibe vermittelte das bessere Raumgefühl. 1965 folgte der Kadett Typ „B" mit größerer Karosserie. Mit einem Kadett im Rallye-Trim verstand Opel, die „jungen Wilden" zu begeistern. Allein der **Opel GT** übertraf den Rallye-Kadett. „Nur fliegen ist schöner!" behauptete die Werbung zu jener Zeit und schuf damit einen unvergessenen Spruch.

Wer mit dem Stern auf dem Kühler vorfahren konnte, wie in diesem **Mercedes 220 „Heckflosse"**, der hatte es geschafft! Auch Konrad Adenauer als erster Kanzler der Republik entschied sich für die Stuttgarter Nobelkarosse, nachdem ihm beim Einstieg in den Konkurrenten von BMW der Hut vom Kopf fiel – so zumindest erzählt man sich. Im 300er, der bald nur noch „Adenauer-Mercedes" genannt wurde, fuhr der Kanzler stets mit Chauffeur; er selbst besaß gar keinen Führerschein.

Weitgehend unbeeinflusst vom Designergeschmack der Amerikaner blieb der Mercedes seiner Linie treu. Äußerlich sichtbare Änderungen erfolgten stets behutsam und in großem zeitlichen Abstand, was die Wertstabilität gegenüber anderen Marken stark erhöhte. All das trug dazu bei, dass von der Marke Mercedes stets ein seriöses Image ausging, das sich wie selbstverständlich auf den Fahrer übertrug. Sein beruflicher Erfolg spiegelte sich in Größe und Kaufpreis des Autos wider; Mercedes wurde zur bevorzugten Marke der „Chefs", aber auch das Taxigewerbe ließ es sich nicht nehmen, seine Kunden dieserart zu chauffieren oder die Edelprostituierte Nitribitt, die im **190 SL** ihre Kunden aufsuchte.

Im 190 SL auf Kundenfang

Einen kleinen Schönheitsfehler bekam das Image von Mercedes mit dem gewaltsamen Tod der Edelprostituierten Rosemarie Nitribit (1957). Sie war mit einem 190 SL auf Kundenfang gegangen, was das Ansehen dieses Sportwagens beim streng moralisch denkenden Volk kurzzeitig belastete.

Neben den gediegenen Limousinen beschäftigten sich die Stuttgarter in Fortführung einer alten Tradition auch wieder mit dem Motorsport, wo sie nahtlos an die Erfolge in Vorkriegszeiten anknüpfen konnten. Dieser Entwicklung verdanken wir eine automobile Legende, die ihresgleichen sucht und bis heute bewundernde Blicke auf sich zieht: der 300 SL mit Flügeltüren. Er entstand auf Basis der neu entwickelten Silberpfeile, auf denen Rennfahrer Manuel Fangio zum Formel-1-Weltmeister wurde. Der **Mercedes 230 SL** trat 1963 die Nachfolge des 190 SL an.

Bis 1961 währte die Ära der Pontonmodelle wie dem **Mercedes 180**, dann wurden sie abgelöst durch die Heckflossenreihe. Beliebt war der **190er Diesel**. Ihn gab es sogar mit Automatik; wer den fuhr, durfte es niemals eilig haben. Zusammen mit der Reihe der weltberühmten Sportwagen trugen gerade auch die nahezu unverwüstlichen Dieselmotoren zur Wertstabilität und dem positiv besetzten Image eines Mercedes bei. Inzwischen ist selbst der so genannte /8, der 1968 die Nachfolge der Einstiegsmodelle antrat, zum Kultauto geworden.

Barockengel und Knutschkugel

Während viele Automobilproduzenten zunehmend Boden unter die Füße bekamen, tat sich BMW in den fünfziger Jahren schwer. Das Geschäft mit Motorrädern florierte nur so lange, wie den Menschen das Geld für ein Auto fehlte. Wer Motorrad fuhr, tat das selten aus reiner Lebensfreude; besonders bei schlechtem Wetter wünschte man sich sehnsüchtig ein Dach über'm Kopf, sprich einen bezahlbaren Kleinwagen. Damit aber konnten die Münchner der Masse nicht dienen; der **BMW 501 und 502** war allein etwas für sehr gut betuchte Bürger und die berühmte Isetta, vorgestellt 1955, kam zu spät.

„Lieber das Lenkrad einer **Isetta** in der Hand, als den schönsten Traumwagen im Prospekt", versuchte die BMW-Werbung Unentschlossene zu überzeugen. Um dem noch eins draufzusetzen, folgte die Frage: „Warum also noch länger benachteiligter Fußgänger bleiben oder auf die Anschaffung des so notwendigen Zweitfahrzeuges für die Hausfrau verzichten?" Ja, einige hatten es bereits wieder „geschafft", wie man damals sagte. Allerdings besaßen viele Frauen noch keinen Führerschein. Weil die Isetta nur eine Fronttür besaß, gab es das Schiebedach als Notausstieg serienmäßig.

Dennoch verbinden wir mit dem pfiffigen Vehikel, mit dem sich in den sechziger Jahren kaum jemand noch ernsthaft sehen lassen wollte, Erinnerungen verschiedenster Art. Kaum zu glauben, dass man in der „Knutschkugel" mit Kind und Kegel über die Alpen nach Italien fuhr und dabei einfach glücklich war. Der etwas größere **BMW 600** hatte neben der Fronttür zusätzlich einen seitlichen Einstieg für die hinten sitzenden Mitfahrer, aber auch er wurde ein Verlustgeschäft. Schließlich hielt man sich mit dem hübschen 700er über Wasser, bis die umstrittene Borgward-Pleite Anfang der 60er Jahre den Münchnern eine Nische öffnete, in die sie mit BMW 1500 und dem sportlichen 1600er hineinstießen. Von da an ging's bergauf!

Neben der Isetta wurde 1955 ein weiterer Kleinwagen aus Bayern auf die holprigen Straßen geschickt: das **Goggomobil**. Seine Ausstattung war auf ein Minimum reduziert. Werbesprüche wie „Macht viel Freude, kost nicht viel – Lösung klar: Goggomobil!" oder „Er wohnt in München, sie in Kiel – Lösung klar: Goggomobil!" klingen uns Älteren noch im Ohr. Der Kleinwagen aus Dingolfing sollte bis in die sechziger Jahre von den Besitzern der alten Führerschein-Klasse IV profitieren, da diese einem Hubraum-Limit unterlagen. Nach Einstellung der Goggo-Produktion 1969 (zwei Jahre nach der Übernahme des Werks durch BMW) wurde dessen Motor darum in Fahrzeuge wie den Fiat 500 eingebaut.

Hersteller des Goggos war Hans Glas, der vorher bereits den pummeligen **Goggo-Roller** gebaut hatte. Eigentlich machte der Kleinwagen eine seltsame Karriere: seine Besitzer waren stolz darauf, später war es vielen peinlich, damit gesehen zu werden, schließlich wollte ihn kaum noch jemand haben und heute ist er als Zeitzeuge der besonderen Art wieder gefragt; vor allem als **Goggo Coupé**, dem eine gewisse Eleganz nicht abzusprechen ist.

Bei Ford kam die erste Neuentwicklung aus Amerika. Weil seine Erbauer überzeugt waren, mit dem neuen 1,2-Liter-Wagen ein Meisterstück geschaffen zu haben, ließ man das als Kürzel im Namen einfließen: **Ford 12M**. Stolz trug dieser Ford bis 1959 eine emaillierte Weltkugel vor der Motorhaube, ein Symbol, das ihn in der Autowelt unvergessen macht. Er war das erste deutsche Auto, das auf kleinen 13-Zoll-Rädern stand, die zu einer verbesserten Straßenlage beitragen sollten. Eine Heizung allerdings wurde wie bei fast allen Herstellern jener Zeit extra berechnet. Zusammen mit der Möglichkeit Frischluft zuzuführen, sprach man damals von „Klimaanlage".

1955, es war das Jahr, in dem die letzten Kriegsgefangenen nach Deutschland zurückkehrten, hatten die Kölner auch einen neuen Reihen-Motor mit 1,5 Liter Hubraum und 55 PS entwickelt; der **Ford Taunus 15M** war geboren. Mit der De-Luxe-Ausführung dieses Wagens erreichte der Chromschmuck am Auto seinen Höhepunkt. Der spiegelnde Glanz des Metalls stand im krassen Gegensatz zu den gerade erlebten Jahren, wo Verdunklung und Fahrzeuge im Tarnanstrich zum freudlosen Alltag vieler Menschen gehörten.

Chrom symbolisierte die neue Zeit, den gerade erlangten Wohlstand, dem man mit größeren Autos Rechnung tragen wollte. So präsentierte Ford dem begeisterten Publikum im Jahre 1957 den ersten 17M. Mit seiner nahezu übermütigen, verspielten Formgebung verkörperte er amerikanischen Lifestyle pur. Die schnelllebige Mode ließ ihn jedoch bald alt aussehen, aber als die Kölner 1960 den völlig konträren, weil schnörkellosen Nachfolger präsentierten, reagierte ein Teil des Publikums zunächst schockiert. Vom Werk als „Linie der Vernunft" gepriesen, vom Volk wegen seiner rundlichen Formen **„Badewanne"** genannt, ging der neue **Taunus 17M** schließlich in die Design-Geschichte ein.

Bei der weiteren Entwicklung handelte man in Köln wie auch anderswo nach dem Motto „Größer, schneller, komfortabler". Das Nachfolgemodell des 17M wurde deshalb ab 1964 um den **20M** ergänzt, der neben einer besseren Ausstattung serienmäßig einen 6-Zylinder-V-Motor unter der Haube hatte.

Gegen Ende des Jahrzehnts schuf Ford schließlich einen familientauglichen Sportwagen, der das angeschlagene Markenimage wieder aufpolieren sollte: der **Ford Capri**. Das Auto mit dem Namen der italienischen Insel, womit in den fünfziger Jahren schon Rudi Schuricke „und die Capri-Fischer" die Herzen der Frauen erobert hatte („Wenn bei Capri die rote Sonne im Meer versinkt ...") torpedierte nun die Herzen der Autofahrer.

Damals schon fanden auch Autos aus Italien ihre Liebhaber bei uns. Sie standen für günstige Preise, optimale Raumausnutzung, aber auch Sportlichkeit. Während Alfa-Romeo-Händler meist nur sporadisch vertreten waren, fanden neben den hier gebauten NSU-Fiat nun auch Modelle aus italienischer Produktion ihren Weg nach Deutschland. Fiat 850, 1500 und 1800 prägten das Italienbild der sechziger Jahre – und natürlich der **500er**.

In den sechziger Jahren dehnte auch Renault sein Händlernetz auf ganz Deutschland aus, nachdem die Marke zuvor schon im Saarland vertreten war. Dort hatte sich 1959 die französische Regierung nach einem Volksentscheid zurückgezogen und das Saarland wurde deutsches Bundesland.

Auf unseren Straßen häufig anzutreffen war die **Renault Dauphine**, ein außergewöhnlich kompaktes Fahrzeug mit Heckmotor. Die charmante Französin kokettierte mit vier serienmäßigen Türen, was damals in dieser Klasse ungewöhnlich war. Bereits im Jahre 1961 wurde der **R4** vorgestellt, ein rustikales, aber praktisches Vehikel mit gewissem Fahrkomfort, das neben dem 2 CV von Citroen über Jahre hinweg die Studentenparkplätze bevölkern sollte.

Der Hersteller Citroen machte mit Minimalismus und Avantgarde gleichermaßen von sich reden. Der **Deux Chevaux** (2 CV) wurde Ende der sechziger Jahre zum studentischen Kultauto, das seinen Besitzern auf Weltreisen ebenso diente wie bei Umzügen. Die technischen Besonderheiten der luftgefederten „la Déesse", der Göttin, waren hingegen eher gefürchtet. „Wenn da mal was kaputtgeht ..." hörte man an Stammtischen reden. Dabei bot sie einen Komfort wie kaum ein anderer Wagen und transportierte ihre Insassen selbst über schlechte Straßen hinweg wie auf Wolken. Dank ihrer Luftfederung fährt sie selbst noch auf drei Rädern, erzählte man beinahe ehrfürchtig.

Peugeot war ein weiterer Franzose, der auf dem deutschen Markt Fuß fasste. Auch er sprach zunächst eher Individualisten an, die die französische Lebensart schätzten und sich den Komfort des **Peugeot 403** (oder 404) leisteten.

Der 1955 vorgestellte Nachfolger des F-8 zeugt vom Bemühen, ein modernes Auto auf die Räder zu stellen. Er besaß größere Fensterflächen und eine Karosserie aus Duroplast-Kunststoff. Sein Name: AWZ (Automobilwerk Zwickau) P70. 1958 wurde schließlich der erste **Trabant** vorgestellt, den 1964 der Trabant 601 ablöste, der Volkswagen des Ostens.

Auch die DDR hatte ihre Autozeitung, sie hieß „Straßenverkehr“.

10 Jahre Wartezeit

In der DDR tat man sich ungleich schwerer in den Besitz eines Autos zu kommen. Lagen die Wartezeiten für einen Neuwagen in den fünfziger Jahren noch bei ein bis zwei Jahren, stiegen sie dann auf mehr als zehn Jahre an! Dabei durfte pro Person nur ein Fahrzeug bestellt werden. Das geschah bei der für den Wohnbereich zuständigen IFA-Vertriebsstelle.

Luxuriöser war man im **Wartburg** unterwegs; seine Karriere begann 1955 als Nachfolger des IFA F9. Den eleganten Wagen versuchte man gegen Devisen auch im Westen zu verkaufen, doch da war die Nachfrage wegen seines Dreizylinder-Zweitakt-Motors eher gering. Mit neuer Karosserie (aber gleichem Motor) präsentierte sich 1966 der neue Typ 353. Dieser Wagen sollte der DDR mit geringen Modifikationen bis zu ihrem Ende erhalten bleiben.

Als Alternative zu eigenen Produkten konnte der DDR-Bürger auf ein Fahrzeug eines sozialistischen Bruderlandes zurückgreifen, darunter der sowjetische Zaporoshets, der dem Stil des Fiat 600, später dem Prinz 4 nachempfunden war. Beliebter und etwas günstiger im Preis als ein Wartburg war der **Moskwitsch**. Funktionäre bevorzugten hingegen eher eine große Wolga-Limousine oder den tschechischen Tatra, während Werktätigen ein Skoda zugebilligt wurde.

Urlauber waren 1948 noch kein Thema, deshalb dachten Wohnwagenbauer vorwiegend an jene Menschen, die beruflich viel unterwegs sein mussten wie Vertreter, Theatertrupps oder Reporter. Ihnen sollte der Wohnwagen das oft nicht vorhandene Hotelbett ersetzen.

Bei **Westfalia** in Wiedenbrück setzte man 1946 im nicht zerstörten Werkteil die Produktion von Anhängern fort und zeigte 1948 auf der Exportmesse in Hannover auch wieder einen leichten Wohnanhänger. 1951 begann man sich verstärkt dem Wohnwagenbau zu widmen.

Der Wohnwagenbau lebt auf

„Wie geht's eigentlich dem Wohnwagenbau? Schlecht! Oder glaubten Sie, der sei auf Rosen gebettet?" schrieb 1948 die Zeitschrift „Das Auto" und zeigte, dass es trotz schwerer Zeiten schon wieder Menschen gab, die sich auch mit diesem Kapitel beschäftigten. Die angehängte Wohnung auf Rädern war keine deutsche Erfindung, doch verfolgte man in den dreißiger Jahren eigene Ideen, die nun nach Kriegsende wieder aufgegriffen wurden. Der Traum von der großen Freiheit hatte ehemalige Hersteller und Konstrukteure nicht losgelassen.

Das größte Problem mobiler Ferienwohnungen war ihr Gewicht. Deshalb experimentierten viele Hersteller mit neu entwickelten Kunststoffen, darunter die Firma Schäfer mit dem Typ **„Suleica"**. Dieser orientalisch anmutende Name bedeutet jedoch nichts anderes als die Abkürzung für „Superleichtcaravan".

Als etwa Mitte der fünfziger Jahre die Reisewelle gen Süden begann, hatten die meisten Urlauber ein Zelt dabei. Die Frage, ob Zelt oder Wohnwagen beantwortete der Geldbeutel. So schrieb damals die VW-Zeitung „Gute Fahrt“ über Wohnanhänger: „... man muß ... einen guten Job mit ausgiebigem Urlaub haben, wenn man das, was es kostet, drin abschlafen und an den Wirten sparen will.“

Nicht alle Fahrer trauten sich aber das Fahren mit Anhänger zu; Skeptiker versuchte Wohnwagenhersteller **Dethleffs** daher mit der Behauptung zu überzeugen: „Die Fahreigenschaften ... sind überraschend. Es ist ein solides Fahrzeug, das man auch dem wildesten Fahrer, der mit 130 km/h über die Straßen jagt, unbesorgt anvertrauen kann.“ Und schließlich hieß es: „Und vergessen Sie nicht, daß ein Wohnwagen eine Anschaffung für ihr ganzes Leben ist.“ Ja, so dachte man bei vielen Dingen.

Ziel vieler Camper war ein Platz in Jesolo/Italien, der NSU-Lido-Camping für NSU-Fahrer. Ein Fähnchen („Wimpel") an Auto oder Zweirad und Aufkleber (Großglockner Hochalpenstraße) zeigte jedem, dass man in Italien war. Darauf war man stolz!

„Bei zwei Wochen Urlaub im Jahr war der Anblick eines Wohnwagens schon etwas Außergewöhnliches. Als eines Tages ein solches Haus auf Rädern auf einem Parkplatz stand, schauten wir durch das Fenster hinein. ‚Ist wirklich niemand drin?' fragte Mutter, denn das wäre ihr peinlich gewesen. Gemütlich sah es drinnen aus, alles war aus hellem Holz und sogar ein Kühlschrank war eingebaut. ‚Sibier' stand in schwungvollen Buchstaben auf der emaillierten Tür. So etwas hatten wir nicht einmal zu Hause!"

Verhaltenscodex auf dem Campingplatz

Prospekte und Broschüren gaben einen Verhaltenskodex für das Campen heraus; darin las man beispielsweise „Laufe nicht mit fliegenden Hosenträgern oder im Unterkleid zum Waschplatz" oder „Sorge für ein ordentliches Aussehen Deines Fahrzeugs. Verrottete Fahrzeuge lassen meistens auf eine ebensolche Ausrüstung schließen" – und da wollte man sich nichts nachsagen lassen, das gebot die Ehre!

Für die Rast unterwegs hatte man Butterbrote dabei und eine Thermoskante. Man konnte sich einschränken, zu dritt bezwang man die Alpen in der Isetta. Was machte schon ein Platzregen unterwegs aus, wenn der Roller Richtung Süden schnurrte oder der Wagen schon auf halber Passhöhe zu kochen anfing und man Wasser nachfüllen musste. Wichtig war, dass man die Strecke am Schluss bezwungen hatte.

„Bella Italia“ – Venedig sehen und sterben – unsere Sehnsucht nach der nahen Ferne war ungeheuer. Italien wurde schnell zum Reiseland Nummer eins, und wer kein Auto besaß, fuhr mit dem Omnibus über die Alpen nach Italien, bewunderte das Panorama und die Eisverkäufer am Strand der Adria.

Unter „Club-Kameraden“

Für Selbstfahrer war die Mitgliedschaft in einem Autoclub wie dem ADAC beinahe unerlässlich, allein schon um im Vorfeld wichtige Fragen bezüglich Fahrtstrecke, Devisen, Benzingutscheine, Visum und Carnet (vorübergehende zollfreie Einführung eines Kraftfahrzeugs) zu klären. Der Umgangston zwischen Ratsuchenden und Ratgebenden liest sich in der Clubzeitschrift „Motorwelt“ des ADAC wie ein Gespräch zwischen alten Bekannten, eben Club-Kameraden. Dabei kann man auch schon mal freundschaftliche Tipps nachlesen: „Um ein spanisches Visum zu erhalten, muss man den Namen eines spanischen Bekannten angeben, den man sich am besten auf einer Apfelsinenkiste oder einer Dose spanischer Ölsardinen aussucht“ (ADAC 10/1952).

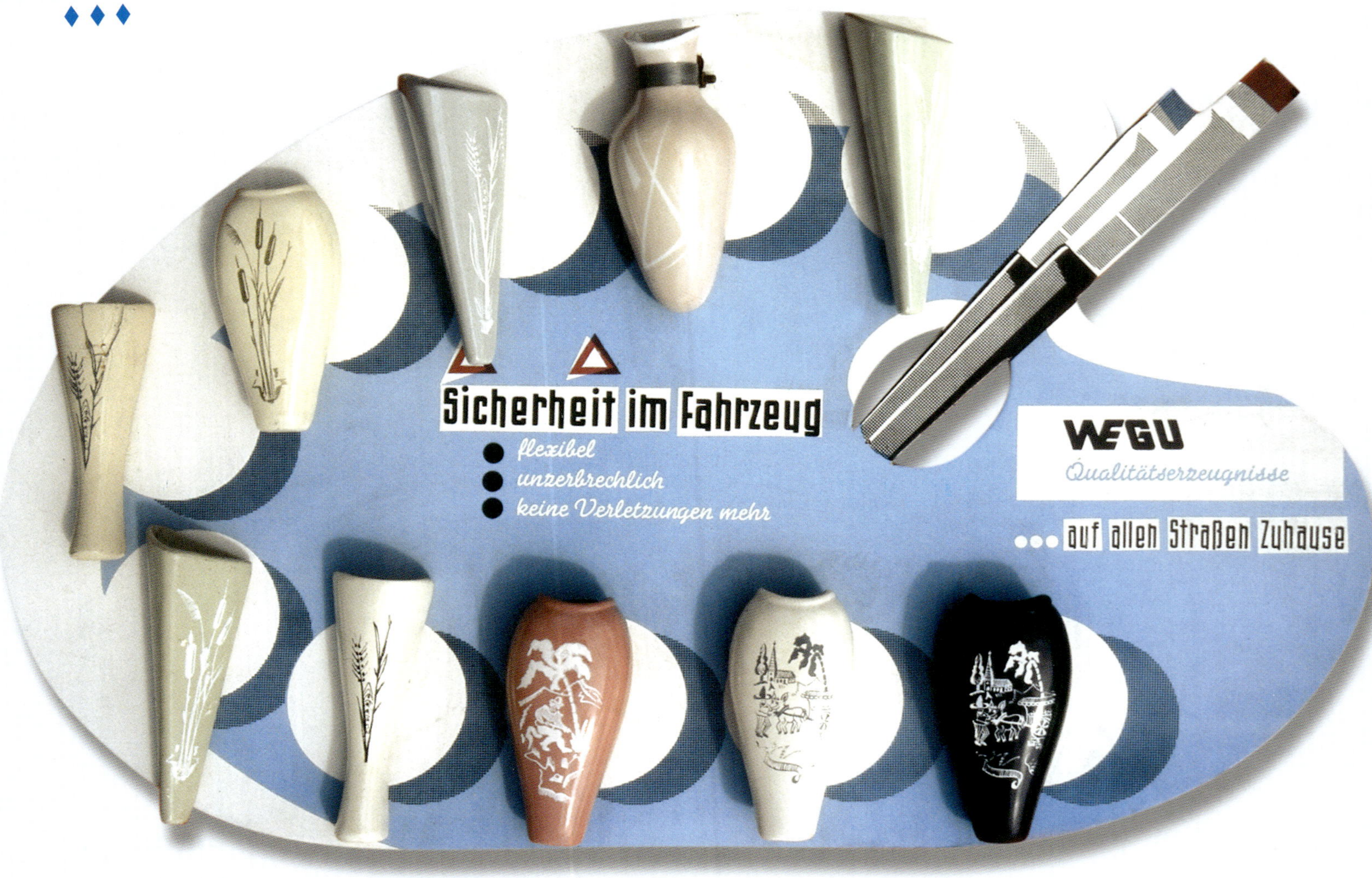

Seit es Autos gibt, versuchte man mit Zubehör sein Fahrzeug aufzuwerten. Autoteppiche, Schonbezüge und Lenkradüberzug waren meist die erste Anschaffung, gefolgt vom **Blumenväschen am Armaturenbrett**, Christopherus-Plakette, Thermometer und fest einstellbarem Kilometerzähler. Besonders für den Volkswagen gab es vom Fliegenabweiser auf der Haube über den Aschenbecher am Schaltknüppel bis zur Uhr eine ganze Reihe von mehr oder weniger zweckmäßigen Extras.

Ein **Autoradio** gehörte zu den besonderen Luxusartikeln; wegen seines im Verhältnis hohen Preises wurde es beim Fahrzeugwechsel noch bis in die sechziger Jahre von einem Auto zum nächsten mitgenommen. Viele Geräte konnte man auf Kurzwelle umschalten, denn in der Regel stellten die auf Mittelwelle oder UKW sendenden Stationen über Nacht noch ihren Betrieb ein. Am exklusivsten waren Geräte mit mechanischem Sendersuchlauf, aber auch für Stationstasten wurde ein ordentlicher Aufschlag verlangt. Die Entwicklung der Transistortechnik ermöglichte kleinere und leistungsfähigere Geräte. Vielseitige Verwendbarkeit versprachen Kofferradios, die sich über eine Spezialhalterung unter dem Armaturenbrett an das Bordnetz und eine außen angebrachte Antenne anschließen ließen. Das empfand man als ungeheuer schick!

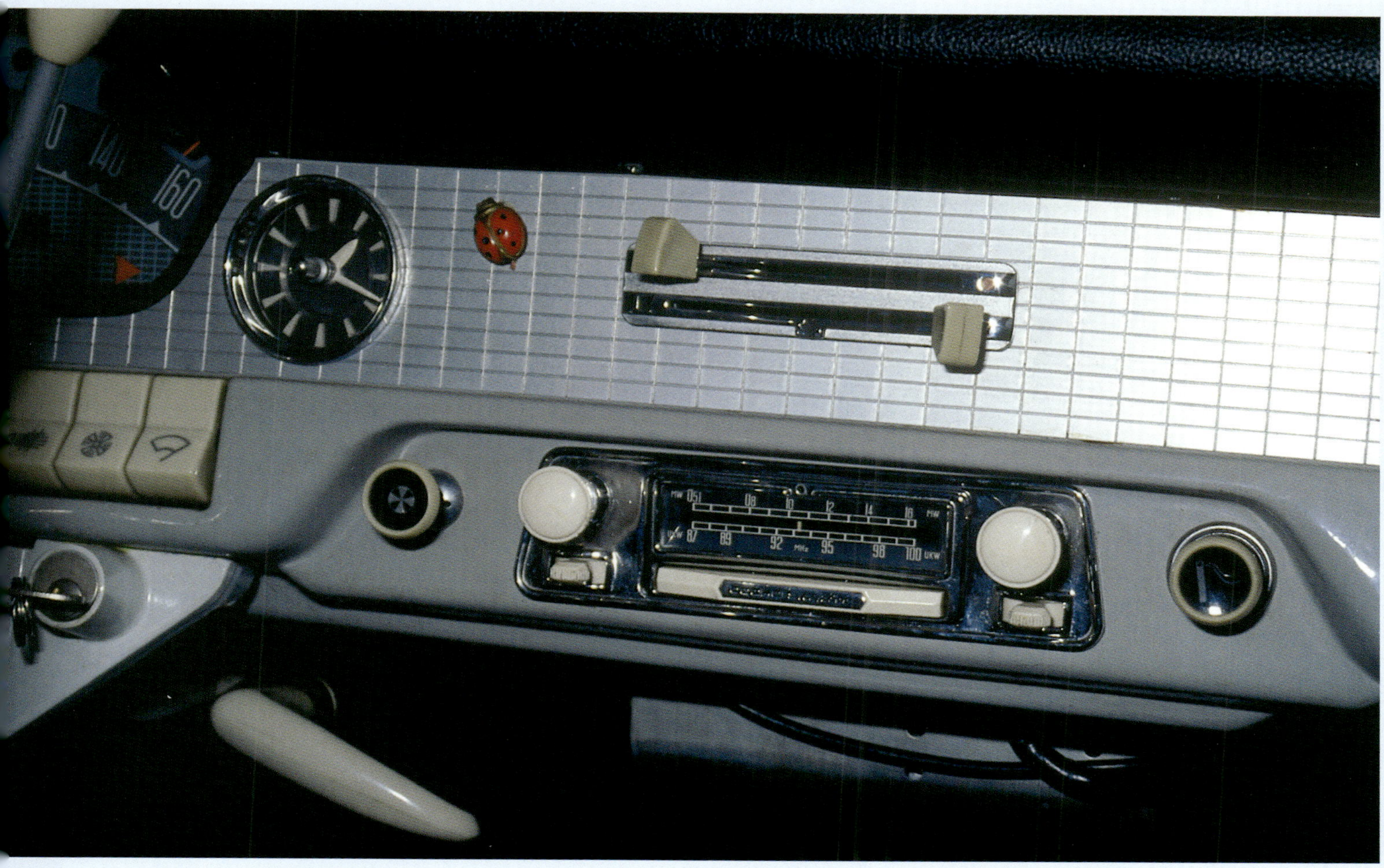

„Die Ausgabe für ein neues Autoradio hatte Vater immer gescheut. Dabei gab es neben Schlagern jetzt ab und zu auch die Beatles und andere neue Gruppen zu hören! Also klapperte ich als 15-jähriger Teen mit meinem Fahrrad alle erreichbaren Auto- und Schrotthändler ab auf der Suche nach einem älteren und noch bezahlbaren Autoradio. Meine Hartnäckigkeit zahlte sich aus – für lange angesparte 40 DM bekam ich ein gebrauchtes Blaupunkt-Radio (MW, LW) komplett mit Antenne zum Einbau. Ein Fernsehgerät vom Sperrmüll lieferte den Lautsprecher für die Mittelkonsole, die ich mit Hilfe einer Laubsäge selbst herstellte und mit einem alten Vorhangstoff verkleidete. Dann baute ich es in Vaters Opel ein, nur beim Bohren für das Antennenloch half er mir. Der Klang war aus heutiger Sicht grauenhaft, aber was erwartete man damals vom Rundfunkempfang in einem Auto?"